DON BOSCO

GESA RENSMANN (HRSG.)

GRUNDLAGEN UND MEHR ALS 80 SPIELE ZUR

WAHRNEHMUNGS-FÖRDERUNG

DON BOSCO

Gerne nehmen wir Ihre Anregungen, Wünsche, Kritik oder Fragen entgegen:
Don Bosco Medien GmbH, Sieboldstraße 11, 81669 München
anregungen@donbosco-medien.de
Servicetelefon: (0 89) 4 80 08-3 41

Alle Spiele sind folgenden Büchern entnommen:
Maria Monschein, Spiele zur Sprachförderung, Bd. 1,
10. Auflage, München 2011
Maria Monschein, Spiele zur Sprachförderung, Bd. 2,
5. Auflage, München 2008

Bibliografische Information der Deutschen Nationalbibliothek
Die Deutsche Nationalbibliothek verzeichnet diese Publikation in der Deutschen Nationalbibliografie; detaillierte bibliografische Daten sind im Internet über http://dnb.d-nb.de abrufbar.

1. Auflage 2013 / ISBN 978-3-7698-2013-3

www.donbosco-medien.de
Cover: ReclameBüro, München
Layout Innenteil: Petra Hinterberger, das-grafikbuero.de
Lektorat: UNGER-KUNZ. Lektorat und Redaktionsbüro
Satz: Don Bosco Medien GmbH
Produktion: GrafikMediaProduktionsmanagement, Köln

Gedruckt in Polen

INHALT

EINLEITUNG

Liebe Leserin, lieber Leser,

schon Leonardo da Vinci wusste: „All unser Wissen gründet sich auf Wahrnehmung. Die fünf Sinne sind die Sachverwalter der Seele". Dieser Satz gilt heute noch genauso wie zu Lebzeiten des großen Künstlers und Universalgelehrten im 15. Jahrhundert.
Doch noch nie waren die verschiedenen Wahrnehmungsbereiche so unterschiedlich stark beansprucht wie heute. Unsere moderne Welt betont vor allem den Seh- und den Hörsinn, die Bewegungssinne, das Riechen, Schmecken und Fühlen kommen dagegen oft viel zu kurz. Dies betrifft auch schon unsere Kinder. Sie wachsen auf in der in hohem Maße technisierten Welt von uns Erwachsenen.
Gott sein Dank haben aber immer noch viele Kinder die Möglichkeit, draußen zu spielen; einen Schmetterling nicht nur aus dem Fernseher zu kennen, sondern im Garten in der Realität zu erleben; seine Zartheit und seinen sanften, stillen Flug zu beobachten; das feine Kitzeln zu spüren, wenn er auf der nackten Haut landet. All das muss man selbst, mit den eigenen Augen schauen, mit den eigenen Ohren hören und auf der eigenen Haut spüren. Erst

im Zusammenspiel all dieser Sinneseindrücke ergibt sich ein Gesamtbild des Schmetterlings, erst dann können Kinder Analogien zwischen ihm und anderen Lebewesen herstellen, erst dann können sie ihre Beobachtungen in einen größeren Lebenszusammenhang einordnen.

Und nicht zu vergessen: Erst durch vielfältige Sinneserfahrungen kann sich auch die Sprache der Kinder entfalten: Wer nicht am eigenen Leib erfährt, was „hart" oder „weich", „zart" oder „rau" bedeutet, der kann sich auch die Worte dafür nicht richtig einprägen. Sie bleiben für ihn bedeutungslos.

Doch es gibt auch die Kinder, die zu wenige Gelegenheiten haben, immer wieder all ihre Sinne einzusetzen, sie in Beziehung zu setzen und daraus zu lernen. Gerade für diese Kinder ist es wichtig, alle Sinne gleichermaßen ins Spiel zu bringen, sie zu fördern und damit Lernen zu ermöglichen. Wer Kindern eine Sinn-volle Erziehung schenken möchte, muss sich ganz bewusst darum bemühen. Dieses Buch kann dazu einen wichtigen Beitrag leisten.

Die Spiele in diesem Band sind für den Kindergarten (K) und/oder die Grundschule (G) geeignet.

Gesa Rensmann

SPIELE FÜR DEN SEHSINN UND DIE AUGE-HAND-KOORDINATION

Unsere visuelle Wahrnehmung ist heute eigentlich ständig überfordert. Das moderne Leben ist durch ein Übermaß an optischen Reizen gekennzeichnet, ist überall kunterbunt, oft sogar schrill. Das Auge auf etwas ruhen zu lassen, etwas mit Muße zu betrachten – das ist eigentlich kaum noch vorgesehen. Unseren Augen wird heute ein ähnliches hohes Tempo zugemutet, wie es uns das ganze Leben abverlangt: immer schneller immer mehr.

Die Medien geben dabei den Takt an. Vergleichen Sie einmal Fernsehsendungen, die Ihre Kinder ansehen, mit solchen aus Ihrer eigenen Kindheit. So viele Bildschnitte im Sekundentakt wie heute gab es nie zuvor. Wie aber sollen Kinder etwas schätzen lernen, wenn alles nur an ihnen vorbeirauscht, wenn sie keine Chance haben, sich in Ruhe an etwas sattzusehen?

Ruhe und Muße sind auch Voraussetzungen für eine differenzierte Hand-Auge-Koordination. Die im Folgenden vorgestellten Spiele fördern das genaue Betrachten, das Wahrnehmen von Merkmalen, das Zusammenspiel von visueller und taktiler Wahrnehmung und die sprachliche Ausdrucksfähigkeit.

MUSIKZAUBER

K

Ziele: Visuelle und akustische Wahrnehmung, taktile Sensibilität
Material: Alltagsgegenstände, Tücher in gleicher Anzahl wie Gegenstände, Musik

Viele unterschiedliche Alltagsgegenstände werden im Abstand von mindestens einem Meter auf dem Boden ausgelegt. Jeder Gegenstand ist mit einem Tuch abgedeckt und dadurch „verzaubert". Die Kinder laufen zur Musik durch den Raum, ohne dabei die am Boden liegenden Dinge zu berühren oder auf sie zu treten. Stoppt die Musik, ist der Zauber aufgehoben, und der Gegenstand, neben dem die Kinder jeweils stehen, dürfen nun durch Ertasten erraten werden. Um zu kontrollieren, ob man richtig geraten hat, darf dann das Tuch weggenommen werden.

EINS, ZWEI, DREI – ZAUBEREI!

K
G

Ziele: Visuelle Wahrnehmung, Merkfähigkeit
Material: Tablett, unterschiedliche Alltagsgegenstände, ein Tuch

Der „Zauberer", der Spielleiter, zeigt dem Kind, wie gut er zaubern kann: Er zeigt ein Tablett mit vielen verschiedenen Gegenständen darauf. Dann legt er ein Tuch darüber, spricht einen Zauberspruch und zaubert einen Gegenstand weg. Das Kind muss nun nachschauen und erraten, welches davon weggezaubert wurde. Die Anzahl der Gegenstände wird je nach Alter und Entwicklungsstand des Kindes variiert.

Varianten:

- Der Zauberer kann auch immer einen Gegenstand dazuzaubern, statt ihn wegzuzaubern. Das Kind versucht nun, den Gegenstand herausfinden, der vorher noch nicht auf dem Tablett gelegen hat.
- Der Zauberer nimmt hinter einem vorgehaltenen Tuch an sich selbst eine Veränderung vor, und das Kind versucht diese Veränderung herauszufinden.

WELCHE FIGUR IST DAS?

K G

Ziele: Visuelle Wahrnehmung, Hand-Auge-Koordination
Material: Papier- oder Pappkarten

Der Spielleiter mischt Karten, auf denen unterschiedliche geometrische Figuren aufgezeichnet sind, z. B. ein Kreis, Dreieck, Viereck, Kreuz usw. Danach zieht er eine Karte und zeigt sie einem Kind, ohne dass er selbst und die anderen Kinder die Figur sehen können. Nun zeichnet das Kind die Figur mit seinen Fingern in der Luft nach. Die Kinder versuchen nun zu erraten, um welche Figur es sich dabei handelt. Danach kommt das nächste Kind an die Reihe.

Variante:
Die Figur wird nacheinander, einmal mit der rechten, dann mit der linken Hand und danach mit beiden Händen, in der Luft gezeichnet.

WER SCHAFFT DEN WEG BLIND?

K

Ziele: Visuelle Wahrnehmung, Koordination und Orientierung im Raum
Material: unterschiedlich große Gegenstände, Rollbrett, Bildkarten, Kreide, Klebeband

Auf dem Boden werden unterschiedliche Gegenstände als Hindernisse verteilt und zwischen diesen wird mit einem Klebeband oder mit Kreide ein Weg markiert. Diesen Weg soll das Kind, das in Bauchlage auf dem Rollbrett liegt, nachfahren. Danach fährt das Kind zum Startpunkt zurück und versucht, den gleichen Weg „blind" zu fahren. Gelingt dies, wartet ein Bild einer Bildgeschichte. Das Ganze wird nun so lange wiederholt, bis das Kind alle Bilder der Geschichte gesammelt hat. Jetzt wird die Geschichte gemeinsam betrachtet. Vielleicht kann sie sogar in einem Rollenspiel nachgespielt werden. Wenn kein Rollbrett vorhanden ist, kann der Weg auch im Vierfüßergang oder krabbelnd bewältigt werden.

WER KANN SICH ALLE DINGE MERKEN?

K G

Ziele: Visuelle Wahrnehmung, Koordination, Merkfähigkeit
Material: Klebeband, Seile, unterschiedliche Alltagsgegenstände

Auf dem Boden wird mit einem Klebestreifen oder mit Seilen ein Weg markiert, der zum „Zauberschloss" führt. Links und rechts vom Weg liegen unterschiedliche Gegenstände. Das Kind geht, kriecht, krabbelt oder springt diesen Weg entlang und merkt sich so viele Gegenstände wie möglich. Das „Zauberschloss" öffnet sich nur, wenn sich das Kind alle Dinge (oder eine bestimmte Anzahl – je nach Entwicklungsstand) gemerkt hat und sie aufzählen kann.

SCHNAPP RICHTIG ZU!

K

Ziele: Visuelle Wahrnehmung, Gleichgewichtssinn
Material: Hängematte oder Schaukelbrett, eine Kiste oder Schachtel, unterschiedlich farbige Perlen, Bausteine o. Ä.

Vor einer Hängematte oder einem Schaukelbrett befindet sich eine Kiste mit unterschiedlichen Gegenständen darin. Das Kind legt sich in Bauchlage quer zur Hängematte oder über das Schaukelbrett, sortiert, während es schaukelt, entsprechend der Aufgabe die Gegenstände und legt sie neben die Kiste bzw. neben die Schachtel, z. B.:
„Lege alle Gegenstände neben die Kiste, die ...
... rot sind."
... eckig sind."
... eine glatte Oberfläche haben."
... aus Holz sind." usw.

WELCHER VERSCHLUSS PASST?

G

Ziele: Feinmotorik, visuelle Wahrnehmung, Konzentration, Artikulation
Material: Flaschen und Gläser mit Schraubverschlüssen

Es werden den Kindern verschieden große Flaschen und Gläser mit Schraubverschlüssen zur Verfügung gestellt. Zu jeder Flasche bzw. zu jedem Glas soll nun der richtige Schraubverschluss gefunden werden. Dazu wird jeweils der Satz gesprochen: „Dieser Verschluss passt zu dieser Flasche" bzw. „... zu diesem Glas."

VOGELFEDERN

G

Ziele: Visuelle und taktile Wahrnehmung, Tiefenwahrnehmung, Verbesserung der Mundmotorik
Material: Federn, evtl. Papier, Stifte, Klebstoff

Beim Nestbauen gingen den Vögeln viele Federn verloren. Für jedes Kind ist eine Feder im Raum versteckt, die es versucht zu finden. Durch Blasen versucht jedes Kind, seine Feder möglichst lange in der Luft zu halten. Nacheinander darf jedes Kind sagen, wohin es seine Feder blasen möchte, z. B.: „Ich blase meine Feder auf den Tisch!" Alle versuchen nun, ihre Feder durch dosiertes Blasen ans angegebene Ziel zu bringen.

Varianten:

- Die Kinder gehen paarweise zusammen. Ein Kind schließt die Augen, das andere Kind berührt es mit der Feder. Kann es die Stelle beschreiben, an der es berührt wurde?
- Am Ende des Spiels gestaltet jedes Kind seinen Paradiesvogel: Dazu erhalten die Kinder Papier, Stifte und Klebstoff. Die echte Feder wird an einer bestimmten Stelle des Papierblatts aufgeklebt und könnte so eine Zauberfeder für den Vogel sein. Was kann diese Zauberfeder beim Paradiesvogel bewirken?

WAS TUST DU GERNE?

K

Ziele: Geschicklichkeit, Gedächtnisleistung, Auge-Hand-Kontrolle, Feinmotorik
Material: Wollknäuel

Alle Kinder bilden einen Kreis. Die Spielleiterin nimmt ein Wollknäuel, wickelt den Faden einmal um ihre Körpermitte und erzählt dabei: „Ich bin die Maria und laufe gerne!" Dann gibt sie das Wollknäuel an das nächste Kind weiter und fragt: „Und wer bist du und was tust du gerne?" Dieses Kind wickelt ebenfalls den Faden einmal um seine Körpermitte, nennt seinen Namen und erzählt, was es gerne tut, und gibt das Knäuel weiter. Das Spiel geht so lange, bis alle an der Reihe waren. Nun spüren alle nach, welche Gefühle sie dabei haben.
Danach geht das Wollknäuel den umgekehrten Weg zurück: Die oder der Letzte wickelt die oder den Vorletzte/n aus und sagt dabei: „Du bist die Julia und du badest gerne" usw. Dabei muss auch der Faden wieder auf das Wollknäuel aufgewickelt werden.

LANG – LÄNGER – AM LÄNGSTEN

K
G

Ziele: Fingermotorik, Feinmotorik
Material: Kastanien oder Eicheln, Nadel, Faden

Die Kinder fädeln Eicheln oder/und Kastanien zu Ketten auf. Damit sie sich nicht verletzen, können die Kastanien und Eicheln vorgebohrt werden. Wenn die Kinder fertig sind, vergleichen alle gemeinsam ihre aufgefädelten Ketten, indem sie sie nebeneinander legen und ordnen. Welche ist die längste, welche die kürzeste, welche Ketten sind gleich lang?

KASTANIENWURFSPIEL

K G

Ziele: Auge-Hand-Koordination, Geschicklichkeit, Gedächtnistraining
Material: Eierkarton, Kastanien

Ein Eierkarton für dreißig Eier wird auf dem Boden bereitgestellt. Einige der Ausbuchtungen, die in der Mitte liegen, sind markiert – sie gilt es, beim Werfen zu treffen. Das Prinzip gleicht also dem von Zielscheiben. Jedes Kind bekommt drei oder fünf Kastanien und darf sich damit im Kastanienzielwurf versuchen. Sieger ist, wer die meisten Treffer erzielt hat. Bei größeren Kindern können auch Punkte erzielt werden und diese dann addiert werden.
Man kann auch ein wenig nachhelfen und die Kastanie mit einem kräftigen Zauberspruch verzaubern, damit sie sicher im Eierkarton landet: „Kastanie, Kastanie, Kastanie braun – im Eierkarton bist du am schönsten anzuschaun!" oder: „Hokuspokus Hexenbein – Kastanie, fall hinein!"

BLÄTTER FANGEN

K

Ziele: Auge-Hand-Koordination, Artikulation
Material: Herbstblätter

Das Erlebnis eines Sturmwinds im Herbstwald sollte man Kindern auf keinen Fall vorenthalten. Es ist ein faszinierendes Schauspiel, wenn es Blätter „regnet" und die Blätter vom Boden hoch durch die Luft gewirbelt werden.
Die Kinder sammeln besonders schöne Blätter, pressen sie und machen Fantasiebilder daraus. Einen Sack Blätter nehmen sie außerdem für das Blätterfangspiel mit.
Der Spielleiter oder ein Kind nimmt eine erhöhte Position ein und lässt, nachdem ein Kind seinen Spruch „Herbstwind, lass die Blätter fliegen, möcht` sie fangen, möcht` sie kriegen!" aufgesagt hat, ein Blatt oder auch mehrere Blätter fallen. Die Kinder versuchen, die Blätter zu erhaschen, bevor sie den Boden berührt haben.

FLASCHENMUSIK

G

Ziele: Auge-Hand-Koordination, akustische Differenzierungsfähigkeit
Material: Flaschen, Wasser, Lebensmittelfarben, Trichter, Schöpfer

Es werden verschiedene Flaschen bereitgestellt und verschiedenfarbige Flüssigkeiten (mit Lebensmittelfarben gefärbtes Wasser) in Eimern oder Messgefäßen. Nun füllen die Kinder mit Schöpflöffel und Trichter der Reihe nach Wasser in die Flaschen. Jedes Kind erzählt dabei, was es in die Flasche füllt: „Ich fülle Zitronenlimonade (Apfelsaft, ein Zaubergetränk, Wuschelbeerensaft, Tinte o.Ä.) in die Flasche!". Sind alle Flaschen auf verschiedenem Niveau gefüllt, können die Flaschen mit einem Stab angeschlagen werden und den Tonhöhen nach geordnet werden. So wird Musik gemacht!

DOSENSCHIESSEN

K G

Ziele: Geschicklichkeit, Körperwahrnehmung, Auge-Hand-Koordination, Artikulation
Material: Dosen, Ball

Dosen werden übereinander zu einem sich nach oben hin verjüngenden Turm aufgebaut. Nach einem Zielspruch, wie z. B. „Schrimmel, schrammel, schrumm – ich schieß die Dosen um", versuchen die Kinder, den Turm mit einem Ball so anzuschießen, dass möglichst viele Dosen umstürzen. Derjenige, der mit dem Schießen dran war, stellt für das nächste Kind die Dosen wieder auf.

ZAUBERKÄFER

K

Ziele: Auge-Hand-Koordination, Fantasie
Material: Käfer aus Karton, Magnetstücke, Büroklammern, Klebstoff, Karton, Farbstifte

Auf die Unterseite eines Marienkäfers (oder eines anderen Käfers) aus Karton wird ein Stück Metall geklebt. Anschließend werden alle möglichen Dinge auf einen Tisch gestellt. Der Käfer krabbelt nun mit Hilfe eines Magneten, der an der Unterseite des Tisches geführt wird, zu den verschiedenen Gegenständen. Die Kinder kommen abwechselnd dran und erzählen, wohin der Käfer krabbeln (kriechen) möchte, also z. B.:

„Der Käfer krabbelt (kriecht) zum Zaun."
„Der Käfer schleicht langsam am Zaun vorbei."
„Achtung, der Käfer kommt. Er pirscht sich langsam an!"

Variante:
Wenn für jedes Kind ein kleiner Magnet zur Verfügung steht, können auch Kartonblätter in DIN-A4-Größe verwendet werden: Die Kinder zeichnen verschiedene Stationen an den Rand des Kartons und lassen ihre Krabbelkäfer in verschiedene Richtungen kriechen. Dabei erzählen sie, was ihr Käfer erlebt. Bei dieser Variante reicht eine Büroklammer an der Unterseite des Käfers und ein sehr kleiner Magnet.

Auch ein Haus für den Käfer aus Papier kann gefaltet werden und auf den Karton geklebt werden. So kann der Käfer am Ende seiner Reise in seinem Haus schlafen. Vielleicht hört man ihn sogar schnarchen („ch-ch-ch").

SPINNENNETZ

K G

Ziele: Geschicklichkeit, Auge-Hand-Koordination, visuelle Wahrnehmung, Feinmotorik
Material: Wollknäuel

Die Kinder bilden einen Kreis. Ein Kind nimmt ein Wollknäuel, bindet sich den Faden zweimal um das Handgelenk und sagt: „Ich heiße ...", wirft das Wollknäuel dann einem Kind im Kreis zu und fragt „Und wie heißt du?" So bekommt nach und nach jede/r das Wollknäuel und sagt ihren/seinen Namen. Anschließend wird das Ganze in umgekehrter Reihenfolge wieder zurückverfolgt: Das heißt, der oder die Letzte wirft der oder dem Vorletzten das Wollknäuel zurück und nennt deren bzw. dessen Namen. Er oder Sie ruft z. B.: „Peter, fang das Knäuel!" Dieser muss nun das Stück Wolle aufwickeln, schauen, wohin die Wolle führt und zum nächsten Kind werfen.

SPIELE FÜR DEN HÖRSINN

Es besteht kein Zweifel, unsere Welt ist laut geworden. Wer es still haben möchte, der muss sich schon ganz bewusst einen Rückzugsort schaffen. Meist ist uns die ständige Berieselung durch Geräusche, der wir heute ausgesetzt sind, gar nicht mehr bewusst. Fernseher, Radio, Klingeltöne – in unserer Welt singt, quietscht, klingt und fiept es, dass man sich eigentlich wundern muss, wie wir das überhaupt aushalten.

Und Kinder müssen nicht nur diesen allgegenwärtigen Lärm ertragen, sie machen selbst genug davon. Die Lärmbelastung in Kindertagesstätten ist enorm hoch, wer die Tür zu einer Kinderbetreuungseinrichtung öffnet, wird sofort von einem lauten Stimmengewirr empfangen.

Um die auditive Wahrnehmung zu fördern, sollten Spiele das Differenzieren von Geräuschen und Lauten (Sprachförderung!) in den Mittelpunkt stellen. Und im Tagesablauf sollten immer wieder auch stille Phasen ermöglicht werden, damit Kinder lernen, die wohltuende Wirkung von Stille zu spüren, Stille zu schätzen und Rückzugsmöglichkeiten für sich zu entdecken.

GEMEINSAMES GERÄUSCHESUCHEN

K G

Ziele: Taktile und akustische Wahrnehmung, gegenseitiges Führen und Folgen, Stillseinkönnen
Material: Geräuschquelle (z. B. Wecker, Radio, CD-Player), zwei Tücher zum Verbinden der Augen

Der Spielleiter nennt zwei Kinder beim Namen, ohne in ihre Richtung zu sehen. Diese beiden Kinder sind nun Spielpartner. Während ihre Augen verbunden werden, wird eine Geräuschquelle (z. B. ein Wecker oder ein Radio) versteckt und eingeschaltet. Hand in Hand gehen sie durch den Raum und suchen gemeinsam nach der Geräuschquelle. Sobald sie sie entdeckt haben, kommt das nächste Spielerpaar an die Reihe.

NAMEN KLATSCHEN

G

Ziele: Akustische Wahrnehmung, rhythmisches Empfinden, Körperkontakt

Die Kinder stehen mit etwas Abstand zueinander im Raum. Die Spielleiterin nennt nun nacheinander einzeln die Namen der Kinder. Jeder Name wird von allen Kindern im Rhythmus der Silben geklatscht und danach gehüpft.

Variante:
Jeweils zwei Kinder stehen sich einander gegenüber und klatschen im Rhythmus der Namenssilben ihre Handflächen gegeneinander.

NAMENSECHO

G

Ziele: Akustische Wahrnehmung, rhythmisches Empfinden

Die Kinder sitzen im Kreis. Ein Kind beginnt, sagt seinen Namen und betont dabei deutlich die einzelnen Silben: „An – dre – as", „So – phie – Mar – ie". Alle anderen Kinder spielen Echo und klatschen die Silben – ohne sie dabei auszusprechen. Anschließend klatscht, schnipst oder stampft jeweils ein Kind einen Rhythmus vor, die anderen klatschen den gleichen Rhythmus nach (Echo) und finden einen dazu passenden Namen.

WELCHER NAME BEGINNT MIT „A"?

G

Ziele: Akustische Lautdifferenzierung und Lautidenifikation, Berührungsempfindung
Material: Buchstabenkärtchen oder Magnetbuchstaben

Die Kinder versuchen, sich nach den Anfangslauten ihrer Namen zu ordnen. Dazu brauchen sie Buchstabenkärtchen oder Magnetbuchstaben. Die Spielleiterin zeigt einen Buchstaben und fragt: „Welcher Name beginnt mit A (B, C usw.)?" Die Kinder bewegen sich als Zug (Hände auf den Schultern des Vordermannes) im Raum und gehen langsam an dem Buchstabenkärtchen vorbei. Nun wird jeder Name der Reihe nach vorgesprochen und alle überlegen, ob der Name mit dem Laut beginnt oder nicht. Beginnt der Name mit dem Laut auf dem Buchstabenkärtchen, steigt das Kind aus dem Zug aus und bleibt bei seinem Kärtchen stehen. Die übrigen Kinder fahren als Zug weiter.
Sind alle Kinder bei einem Buchstabenkärtchen ausgestiegen, versuchen sie, den jeweiligen Buchstaben mit ihrem Körper darzustellen. Bei einigen Buchstaben werden sich mehrere Kinder angesprochen fühlen und die Darstellung dieses Buchstaben kann besonders lustig werden.

REITER – LEITER

K G

Ziele: Akustische Wahrnehmung, Grobmotorik, Koordination, Körperwahrnehmung

Die Laute „r" und „l" werden häufig verwechselt bzw. das „R" wird häufig durch das „L" ersetzt. Die Wörter Reiter und Leiter klingen sehr ähnlich. Die Kinder müssen bei diesem Spiel genau aufpassen, welches Wort gemeint ist, und es auch richtig aussprechen. Die Spielleiterin spricht Lückensätze vor und jeweils ein Kind muss das richtige Wort einsetzen. Das Kind, das gerade dran ist, klettert auf ein Podest, einen Tisch, Sessel oder eine Sprossenwand und ruft das passende Wort. Die anderen Kinder stellen das vorgeschlagene Wort pantomimisch dar. Bei „Reiter" galoppieren sie eine Runde durch den Raum. Bei „Leiter" gehen immer zwei und zwei zusammen. Ein Kind bildet die Leiter, das andere klettert daran hoch. Mögliche Sätze sind:

„Gestern fiel von diesem Pferd ein geübter ..."
„Am Haus lehnt ..."
„Über diesen Bach sprang ..."
„Zum Äpfelpflücken braucht man ..."
„Das Pferd bekam den Apfel vom ..."
„Der Dachdecker braucht ..."
„Der Räuber verwendete ..."
„Auf dem Pferd sitzt ..." usw.

WOHIN ROLLT DIE KASTANIE?

K G

Ziele: Akustische Wahrnehmung, Richtungshören, Raumorientierung
Material: eine Kastanie

Die Kinder schließen die Augen. Eine Kastanie wird durch den Raum gerollt. Die Kinder sollen durch Armbewegung die Richtung der Kastanie verfolgen und sie anzeigen. Steht die Kastanie still, können sie kontrollieren, ob sie mit ihrer Vermutung richtig lagen.

Varianten:

- Nur ein Kind schließt die Augen. Es versucht, die Rollrichtung der Kastanie zu verfolgen und durch seine Armbewegung die Richtung anzuzeigen. Bleibt die Kastanie liegen, öffnet das Kind seine Augen, überprüft, wo die Kastanie tatsächlich liegt und krabbelt mit geschlossenen Augen dort hin.
- Größere Kinder können schätzen, wie viele Schritte sie bis zur Kastanie benötigen, und diese dann mit geschlossenen Augen gehen.

BEGINNT DAS WORT WIE „SCHNEE"?

K
G

Ziele: Akustische Aufmerksamkeit und Differenzierung, Auge-Hand-Kontrolle
Material: Schnee oder Zeitungspapier

Wenn es geschneit hat und Schnee liegt, kann das Spiel auch im Freien gespielt werden.
Der Spielleiter nennt verschiedene Wörter. Manche dieser Begriffe beginnen mit „Schn", andere nicht. Beginnt ein Wort mit „Schn", dürfen die Kinder einen Schneeball oder eine aus Zeitungspapier geknüllte Kugel auf ein vorher bestimmtes Ziel werfen oder schießen. Hat das ausgesprochene Wort nicht die Anfangsbuchstaben „Schn", dann dürfen nur Schneebälle geformt oder Zeitungspapierbälle geknüllt, aber noch nicht geworfen werden.

STILLEÜBUNG MIT KERZEN

G

Ziele: Akustische Wahrnehmung, Aufmerksamkeit, Behutsamkeit
Material: Schüssel, Wasser, Kerze, Teelichter (Schwimmkerzen), akustisches Signal

Alle Kinder sitzen im Kreis. Auf ein akustisches Signal hin werden die Augen geschlossen und dürfen erst wieder geöffnet werden, wenn das gleiche Signal nochmals ertönt. Während die Augen geschlossen sind, wird in die Kreismitte eine Schüssel gestellt, die mit Wasser gefüllt ist. Neben der Schüssel steht eine brennende Kerze. Außerdem liegen viele Teelichter (Schwimmkerzen) bereit. Nun erklingt das Signal erneut, und die Kinder dürfen schauen. Die Kinder denken sich nun Wünsche aus, die aber nicht materieller Art sein sollten. Wenn ein Kind einen Wunsch aussprechen möchte, nimmt es ein Teelicht, zündet es an der brennenden Kerze an, setzt das Teelicht ins Wasser und äußert seinen Wunsch. Nun schließen alle wieder die Augen, hoffen still, dass der Wunsch in Erfüllung geht und warten auf das nächste Signal zum Augenöffnen. Wieder darf ein Kind einen Wunsch aussprechen und ein Teelicht ins Wasser setzen. Am Ende reichen sich alle die Hände und wünschen sich ganz fest, dass alle ihre Wünsche in Erfüllung gehen.

WELCHES WORT BEGINNT WIE „TANNE"?

Ziele: Akustische Aufmerksamkeit, Konzentration, Auge-Hand-Kontrolle
Material: Papier, Stifte

K
G

Jedes Kind zeichnet den Umriss eines Weihnachtsbaumes bzw. bekommt die Umrisszeichnung einer Tanne. Der Spielleiter nennt nacheinander viele verschiedene Wörter, immer mit einer Sprechpause dazwischen. Beginnt das Wort mit „T" wie Tanne, dürfen die Kinder Christbaumschmuck auf das Tannenbild zeichnen. Beginnt das Wort nicht mit „T", muss pausiert werden.
Als Wörter eignen sich, welche mit Anlauten, die sich gut von denjenigen mit T-Anlauten unterscheiden lassen, oder Wörter mit K-Anlaut, um die Differenzierung ähnlich klingender Anlaute zu üben.

LUFTBALLONTRAMPOLIN

K

Ziele: Akustische Wahrnehmung und Differenzierung, Reaktionsfähigkeit, Geschicklichkeit
Material: Luftballons, großes Tuch

Die Kinder halten ein großes Tuch an den Rändern fest, und einer oder mehrere Luftballons werden in die Mitte des Tuchs gelegt. Nun wird eine Geschichte von einem Luftballon erzählt und jedes Mal, wenn das Wort „Ballon“ zu hören ist, wird der Luftballon durch schnelles Anheben des Tuches hochgeworfen und mit dem Tuch wieder aufgefangen.

QUATSCHSATZ

K G

Ziele: Akustische Aufmerksamkeit, Reaktionsfähigkeit, Koordination

Die Kinder sitzen im Kreis und hören aufmerksam zu. Damit das gut gelingt, streicheln alle vorher ihre Ohren und kraulen ihre Ohrläppchen. Immer zwei nebeneinander sitzende Kinder gehören zusammen. Der Spielleiter bietet nun nacheinander verschiedene Sätze an. Ist der Satz vom Inhalt her falsch, rufen die Kinder laut: „Quatsch!" und klatschen dabei die Handflächen einmal zusammen. Ist der Satz richtig, klatschen die Partner ihre jeweils rechten und dann ihre linken Handflächen zusammen (also über Kreuz) und rufen dabei „richtig!". Hier ein paar Satz-Beispiele:

„Das Pferd sitzt im Auto."
„Das Schwein fliegt."
„Das Heft gehört dem Schüler."
„Der Affe klettert mit seinen Flügeln."
„Die Ente schwimmt."
„Die Sonne scheint in der Nacht."
„Auf dem Baum wachsen Äpfel."
„Die Fische schwimmen durch den Garten."
„Die Lampe hängt unter dem Tisch."
„Die Suppe kocht im Kühlschrank."

KATZENMUTTER

K G

Ziele: Akustische Aufmerksamkeit, Behutsamkeit, Geschicklichkeit

Die Kinder sitzen im Kreis. Ein Kind spielt die Katzenmutter und zwei andere die Katzenjungen. Die Katzenmutter sitzt mit ihren Jungen in der Kreismitte. Sie hat die Augen geschlossen und schläft. Alle anderen Kinder spielen Füchse, die sich an die Jungen heranpirschen wollen. Wenn die Mutter etwas hört, schaut sie auf, faucht „Chchch" und versucht, die Füchse zu „kratzen" (nur berühren, nicht wirklich kratzen!). Der von der Katzenmutter berührte Fuchs übernimmt nun die Rolle der Katzenmutter.

NEST SUCHEN

K G

Ziele: Akustische Wahrnehmung, Richtungshören, Artikulation

Alle Kinder bilden einen großen Kreis. Ein Kind geht als Vogeljunges in die Mitte des Kreises und schließt die Augen. Es ist aus dem Nest gefallen. Ein Kind im Kreis spielt die Vogelmama und ruft mit der Vogelstimme. Das Vogeljunge muss nun mit geschlossenen Augen zur Vogelmama finden. Findet es so zurück ins Nest, darf die Vogelmama in die Kreismitte und wird zum Vogeljungen. Ein anderes Kind im Kreis spielt die Vogelmama.
Dieses Wahrnehmungsspiel lässt sich sehr gut mit der Förderung der phonetischen Bewusstheit verbinden, denn anhand der Vogelstimmen lassen sich Konsonantenverbindungen wie „kra-kra", „gru-gru", „tri-tri", „zwui-zwui", „zwi-zwi" usw. üben.

WELCHES WORT BEGINNT WIE „PFÜTZE"?

K G

Ziele: Akustische Aufmerksamkeit, visuelle Wahrnehmung, Körperkoordination
Material: Zeitungsblätter oder Teppichfliesen

Die Spielleiterin spricht verschiedene Wörter vor, manche beginnen mit „Pf", andere nicht. Beginnt das Wort mit „Pf", müssen die Kinder beidbeinig über eine Pfütze (ein Zeitungsblatt oder eine Teppichfliese) springen. Beginnt das Wort nicht mit „Pf", setzen sie sich neben die Pfütze. Nach jedem Wort gehen die Kinder im Vierfüßergang wieder zum Start zurück.
Entweder werden sehr verschieden klingende Anlaute verwendet oder es werden Wörter mit Pf-Anlaut und F-Anlaut abgewechselt. Die Kinder werden dabei auch auf den Lippenschluss bei „Pf" aufmerksam gemacht.

GERÄUSCHE MIT DEM KÖRPER

K

Ziele: Akustische Wahrnehmung und Differenzierung, Körperwahrnehmung

Alle Kinder haben die Augen geschlossen. Ein Kind beginnt und macht ein Körpergeräusch vor. Die anderen müssen erraten, wie das Kind das Geräusch gemacht hat und versuchen, es nachzumachen. Mögliche Geräusche sind:

- stampfen
- klatschen
- mit den Fingern schnipsen
- mit der Zunge schnalzen
- schmatzen
- die Lippen „explodieren" lassen („p-p-p")
- auf den Brustkorb trommeln mit oder ohne Lautgebung
- die Hände reiben
- Fersengang usw.

K G

GERÄUSCHEQUIZ

Ziele: Akustische Wahrnehmung und Differenzierungsfähigkeit, Artikulation
Material: verschiedene unzerbrechliche Gegenstände

Verschiedene unzerbrechliche Dinge liegen bereit und werden benannt. Ein Kind dreht sich um, schließt die Augen und „spitzt seine Ohren". Ein anderes Kind lässt eines der Dinge fallen. Nun soll das Kind den Gegenstand an seinem Geräusch erkennen und sagen, was da auf den Boden gefallen ist, z. B.:

„Der Löffel ist gelandet!"
„Der Würfel ist auf den Boden gefallen!"
„Du hast die Schere fallen lassen!" usw.

FEE – SEE

G

Ziele: Akustische Aufmerksamkeit und Lautdifferenzierung, Koordination
Material: Gymnastikreifen

Die Kinder gehen paarweise zusammen und erhalten einen Reifen. Beginnt das Wort mit „S", springen beide Kinder in den See (ein liegender Reifen) und machen auf einem Bein stehend Schwimmbewegungen mit den Armen. Beginnt das Wort mit „F", spielt ein Kind die Fee und muss im Reifen, der vom Spielpartner in Hüfthöhe gehalten wird, umhergehen, ohne an den Reifen zu stoßen.
Nach jedem Wort rollen die Kinder abwechselnd den Reifen los und versuchen, ihn wieder zu fangen, bevor er zu Boden stürzt. Ist es für die Kinder noch zu schwierig, eindeutig zu differenzieren, können sie sich auf nur einen Laut konzentrieren (also auf das „F" oder „S") und die passende Bewegung dazu ausführen.

ROLLENDE KUGEL

K
G

Ziele: Reaktionsfähigkeit, visuelle und akustische Wahrnehmung
Material: Kugel, ein Gymnastikreifen

Ein „Schatz" wird im Raum versteckt. Solange die Kugel rollt, darf das Kind danach suchen. Sobald die Kugel aber zu rollen aufhört, verharrt es sofort in seiner Stellung und wartet, bis die Kugel erneut angestoßen wird. Die Kugel rollt besonders lang, wenn sie an der Innenseite eines Gymnastikreifens gerollt wird.

PASS AUF!

Ziele: Akustische Wahrnehmung, Reaktionsfähigkeit

K G

Verschiedene Klatschmuster verlangen verschiedene Aktivitäten, z. B.:

- einmal klatschen = gehen
- zweimal klatschen = stehen
- dreimal klatschen = sitzen usw.

Die Kinder setzen also die akustischen Signale in die zuvor vereinbarte Bewegung um.

WALDI, WO BIST DU?

K

Ziel: Genaues Aufeinanderhören
Material: Tücher zum Verbinden der Augen

Zwei Kinder finden sich zu einem Paar zusammen. Beide Spielpartner lassen sich die Augen verbinden. Einer spielt den Hund Waldi, der andere sein Herrchen. Das Herrchen ruft: „Waldi, wo bist du?" Waldi bellt oder knurrt. Das Herrchen versucht, seinen Hund zu finden; Waldi dagegen versucht, immer außer Reichweite zu bleiben.
Natürlich sind hier verschiedene Varianten möglich: So kann auch die Katzenmama das Katzenkind auf diese Weise suchen usw.

SPIELE FÜR DEN TAST-, RIECH- UND GESCHMACKSSINN

Auch der taktilen Wahrnehmung und dem Riechen und Schmecken sollte die Pädagogik Aufmerksamkeit schenken. Fühlen lernt man nur durch Anfassen, durch Kontakt mit der eigenen Haut. Das sprichwörtliche „Fingerspitzengefühl" kann nur haben, wer tatsächlich mit „spitzen Fingern" Untersuchungen zur Beschaffenheit seiner Umgebung anstellen konnte. Wie fühlt sich ein Regenwurm an, und wie ein Kätzchen? Wie weich ist die Haut eines Babys, und wie hart ist ein Stein? Je vielfältiger und differenzierter solche Wahrnehmungen ausfallen, desto besser gelingt auch das Einfühlen in Situationen, in die eigenen Gefühle und in andere Menschen.

Das bewusste Wahrnehmen von Gerüchen und von Geschmack ist umso wichtiger, je mehr von uns heute industriell hergestellte Lebensmittel verzehrt werden. Unser Geschmack sollte nicht allein von künstlichen Aromen geprägt und bestimmt werden. Damit Kinder frisches Obst und Gemüse sowie gute Luft zu schätzen wissen, müssen sie immer wieder Gelegenheit haben, diese Dinge bewusst wahrzunehmen und zu probieren.

WEN FRISST DER DRACHE?

K

Ziele: Berührungswahrnehmung, Geschicklichkeit

Ein Kind spielt den Drachen. Es stellt sich an ein Ende des Raumes. Alle anderen Kinder stellen sich an das andere Ende. Der Drache ruft: „Der Drache frisst die Julia!" Nun müssen alle anderen Kinder rufen: „Die Julia frisst du nicht!", und versuchen, Julia zu beschützen. Sie können sich z. B. schnell im Kreis um sie herum aufstellen und sie damit beschützen, indem sie den Drachen nicht durchlassen. Erhascht der Drache das Kind dann doch, verwandelt es sich in den Drachen und ruft nun aus, wen es fressen möchte.

BLINDEKUH

K

Ziele: Taktile Wahrnehmung, Berührungsempfindung, Behutsamkeit
Material: Tuch zum Verbinden der Augen

Die Kinder bilden einen Kreis. Ein Kind geht mit verbundenen Augen in die Kreismitte. Nun geht es auf ein Kind im Kreis zu. Die „Blindekuh" versucht, durch Tasten zu erraten, wen sie abtastet. Sie soll auch versuchen zu beschreiben, was sie spürt: „Ich spüre einen Kopf mit langen Haaren. Außerdem ein Kleid und eine Strumpfhose. Das ist ..." Die „Blindekuh" darf dem Kind auch Fragen stellen, um es an seiner Stimme zu erkennen.

GEMÜSEERNTE

K

Ziele: Taktile Wahrnehmung, Geruchs- und Geschmackswahrnehmung
Material: verschiedene Gemüsesorten, Schachtel, Matte oder weiche Decke, Messer, Teller, Topf, Kochplatte, Löffel

Verschiedenes Gemüse wird auf einen Tisch gelegt, betastet, berochen und benannt. Die Kinder überlegen, wo das Gemüse wächst, unter der Erde oder über der Erde. Nun wird eine Schachtel vorbereitet, die mit der Öffnung nach unten auf den Boden gestellt wird. Sie stellt die Erde dar. In eine Seite wird ein Loch geschnitten, sodass das Gemüse, das unter der Erde wächst, hineingelegt werden kann. Ein Kind macht die Augen zu, bekommt ein Gemüse in die Hand und versucht nun zu erraten, worum es sich dabei handelt. Es sagt beispielsweise: „Das ist eine Karotte. Die Karotte wächst unter der Erde", und legt die Karotte in die Schachtel. Oder: „Das ist eine Erbse. Die Erbse wächst über der Erde", und legt die Erbse auf die Schachtel.
Wenn das Gemüse verteilt ist, stellen sich die Kinder hintereinander vor einer Matte auf. Das erste Kind sagt: „Ich esse gerne ... – und du?" Nach dem Satz führt es einen Purzelbaum aus. Alle Kinder kommen der Reihe nach dran.

Varianten:

- „Ich esse ... nicht gerne – und du?"
- Die Kinder werden nacheinander gefragt: „Isst du gerne ...?"
- Die Gemüsesorten, die unter der Erde wachsen, sind nicht sichtbar – wer kann sich an diese Sorten erinnern?

Werden die Gemüsenamen sicher beherrscht, wird das Gemüse gewaschen und in mundgerechte Stücke geschnitten. Nacheinander können die Kinder mit geschlossenen Augen schmecken, was sie im Mund haben. Sie können sich auch einmal die Nase beim Kosten zuhalten, sodass sie bemerken, dass das Schmecken ohne die Hilfe des Geruchssinns viel schwieriger ist. Sie können auch einmal versuchen, die verschiedenen Sorten bei geschlossenen Augen nur durch Riechen zu erraten. Mit dem Gemüse, das übrig bleibt, wird eine leckere Gemüsesuppe gekocht.

K
G

STILLEÜBUNG MIT TRAUBEN

Ziele: Taktile Wahrnehmung, Behutsamkeit, Riech- und Schmecksinn, Wortschatzerweiterung
Material: Teller, Weintrauben; Material für ein akustisches Signal

Die Kinder setzen sich im Kreis auf den Boden. Auf ein akustisches Zeichen hin schließen alle die Augen. Währenddessen wird in die Mitte des Kreises ein Teller mit Weintrauben gestellt. Nun ertönt das Signal erneut und die Kinder schauen auf den Teller. Die Kinder äußern der Reihe nach, woran sie denken, was ihnen einfällt. Danach wird eine Traube am Stiel genommen und einem Kind in die Hände gelegt. Die Traube wandert anschießend von einem Kind zum anderen, bis sie alle in Händen gehalten haben. Wie fühlt sich die Traube an? Wie riecht sie? Am Ende pflückt jedes Kind eine Beere ab und lässt die Beere über sich sprechen, z. B.:

„Ich bin rund."
„Ich bin süß."
„Ich bin sauer."
„Ich bin saftig."
„Aus mir wird einmal ein guter Traubensaft."

Dann werden die Trauben gewaschen und gemeinsam probiert. (Nach einer Idee von Maria Montessori.)

VOLL ODER LEER?

G

Ziele: Visuelle Wahrnehmung, Gewichtswahrnehmung
Material: Kartons oder Schachteln, Bausteine oder andere Gegenstände zum Befüllen

Für dieses Spiel werden mehrere Kartons oder Schachteln benötigt. Einige dieser Kartons werden mit Bausteinen o.Ä. befüllt und zugeklappt. Danach werden die Kartons vor den Augen der Kinder durcheinandergemischt. Die Kinder versuchen, sich zu merken, welche Kartons davon voll und welche leer sind.
Die Kinder stehen jetzt vor einem Obststand. Nur noch wenige Kisten mit Obst sind übrig geblieben, denn viel Obst ist schon verkauft worden. Nun wird geraten. Ein Kind zeigt auf einen Karton und sagt: „Dieser Karton ist noch voll." Jetzt wird kontrolliert – zuerst wird er aufgehoben und gewichtsmäßig kontrolliert –, dann wird nachgeschaut – ist er wirklich voll oder schon leer? Später können auch halbvolle Kartons dazugestellt werden, die die Kinder am Gewicht erkennen sollen. Dazu bekommt ein Kind einen Karton in die Hände – es soll raten, ob er voll, leer oder halbvoll ist. Durch Nachschauen kann es danach selbst kontrollieren, ob es richtig liegt.

K G

HERBST-TASTSTRASSE

Ziele: Taktile Wahrnehmung, Berührungsempfindung, Körperkontrolle, Gedächtnistraining
Material: verschiedenste Materialien aus dem Wald (oder aus dem Haushalt), flache Schachteln (Schachteldeckel)

Bei einem gemeinsamen Waldspaziergang wird alles gesammelt, was im Herbst zu finden ist: Kastanien, Eicheln, Blätter, Zapfen, Bucheckern, Nüsse, Wurzeln, Steine etc. Wieder im Kindergarten oder in der Schule angekommen, werden die Fundstücke in verschiedene flache Schachteln sortiert und diese Schachteln oder Schachteldeckel werden dann in einer Reihe hintereinander aufgestellt. Das erste Kind geht barfuß und mit geschlossenen Augen neben den Schachteln her und versucht, mit nur einem Fuß (damit sich die Kinder nicht wehtun können) den Inhalt zu ertasten. Wie fühlen sich die verschiedenen Dinge an? Was spürst du? Die Reihenfolge der Schachteln wird immer wieder vertauscht. Welches Kind kann am Ende der Straße noch die Reihenfolge der Schachtelinhalte bekannt geben? Wir können auch die Hände raten lassen.

Variante:
Es können auch unzerbrechliche Gegenstände aus dem Haushalt in die Schachteldeckel gefüllt wer-

den, wie Bausteine, Löffel, Handtuch, Murmeln, Stifte, Watte, Knöpfe, Wäscheklammern usw. Bei weichen und unzerbrechlichen Gegenständen können die Kinder auch mit beiden Füßen darüberlaufen.

ES SCHNEIT

K

Ziele: Taktile und akustische Wahrnehmung, Finger- und Mundmotorik

Die Kinder gehen paarweise zusammen. Die Spielleiterin erzählt eine Geschichte, die Kinder spielen mit den Fingern die Geschichte auf dem Rücken ihres Partners nach und machen Geräusche dazu mit:

„Wir schauen zum Fenster hinaus und sehen einzelne, dicke, schwere Schneeflocken fallen." (leicht mit den Fingern einzeln auf den Rücken tippen)

„Es schneit immer heftiger und dichter." (schneller und fester tippen)

„Nun kommt ein richtiger Schneesturm auf." (mit den Handinnenflächen auf dem Rücken reiben und „Schschsch" dazu artikulieren)

„Der Sturm beruhigt sich, es schneit auch nicht mehr so heftig." (wieder ruhig auf den Rücken tippen)

„Viel Schnee liegt jetzt auf den Wiesen. ‚Genug Schnee zum Rodeln!', denkt sich Christian. Er holt den Schlitten aus dem Keller und geht den Hügel hinauf" (zwei Finger der einen Hand „gehen" den Rücken hinauf, dabei mit der Zunge schnalzen, zwei Finger der anderen Hand schleifen als Schlitten hinten nach)

„Christian ist oben angekommen und freut sich auf die Abfahrt. Nun geht es auf Kommando los: ‚Eins, zwei, drei, los!'" (mit den Handinnenflächen schnell nach unten streichen und „Schschsch" dazu artikulieren)
„Christian marschiert wieder hinauf."
Nach mehrmaliger Wiederholung: „Nun ist er müde und stapft nach Hause."

SPÜRST DU DIE KASTANIE?

K G

Ziele: Berührungsempfindung, Körperwahrnehmung, Artikulation
Material: eine Decke, Kastanien

Ein Kind legt sich langgestreckt, auf den Rücken auf eine Decke (die Arme nach oben) und schließt die Augen. Ein anderes Kind legt eine Kastanie unter die Decke und gibt das Kommando: „Rolle los!" „Wo spürst du die Kastanie?" Das Kind rollt nun gestreckt über die Decke und versucht, die Kastanie zu spüren. Danach erzählt es den anderen, wo es die Kastanie gespürt hat. Die anderen Kinder beobachten genau, welcher Körperteil die Kastanie unter der Decke berührt.

WO RUHT DER KÄFER?

K

Ziele: Artikulation, taktile Wahrnehmung, Berührungsempfindung, Kontaktnahme, Körperwahrnehmung, Fingermotorik

Die Finger stellen den Käfer dar. Ein Kind liegt auf dem Boden und schließt die Augen. Das andere Kind lässt Zeigefinger und Mittelfinger als Käfer abwechselnd über den Körper laufen, während es spricht: „Ich kribble, krabble immerzu – aber jetzt leg ich mich doch zur Ruh!", und bleibt an einer Körperstelle stehen. Das liegende Kind versucht zu spüren und zu beschreiben, an welcher Stelle der Käfer sitzt.

KATZE, VOGEL, MAUS, HUND

K
G

Ziele: Berührungsempfindung, Körperwahrnehmung
Material: Material für optische Signale

Die Kinder gehen paarweise zusammen. Ein Kind jedes Paares setzt sich auf den Boden und schließt die Augen. Es gibt verschiedene optische Signale für die Tiere (Katze, Vogel, Maus, Hund):

- Erscheint das Signal für „Katze“, schmiegt der Partner sich beim sitzenden Kind wie eine Katze mit dem Kopf an.
- Erscheint das Signal für „Vogel“, muss der Partner dem sitzenden Kind seine Finger auf den Kopf stellen und dieser muss raten, wie viele Vögel (= Finger) auf dem Kopf sitzen.
- Erscheint das Signal für „Maus“, muss der Partner dem sitzenden Kind mit dem Zeigefinger und dem Mittelfinger den Arm entlanglaufen.
- Erscheint das Signal für „Hund“, stützt sich der Partner mit den Händen von hinten auf die Schultern des sitzenden Kindes auf.

Das sitzende Kind gibt jeweils bekannt, welches Tier der Partner dargestellt hat und ob die Berührung angenehm oder unangenehm war.

DIE KATZE MOLLY

K

Ziele: Taktile und akustische Wahrnehmung, Reaktionsfähigkeit, Mundmotorik
Material: Murmeln

Die Spielleiterin erzählt die Geschichte von der Katze Molly. Die Kinder setzen die Geschichte in Bewegung um:

„Molly liegt zusammengerollt im Garten. Nun scheint die Sonne direkt auf Mollys Näschen." (Die Spielleiterin berührt jedes Kätzchen mit einer Feder an der Nase)
„Molly zuckt mit ihren Barthaaren hin und her und muss niesen."
„Sie streckt ihre Vorderpfoten weit nach vorne – die Hinterpfoten weit zurück, dann macht sie einen Katzenbuckel."
„Langsam geht sie zu ihrem Futternapf und schlabbert Milch." (Zunge breit und locker zwischen den Lippen heraus- und hineinbewegen)
„Nun säubert sie sich und schleckt mit der Zunge einige Runden über ihr Maul."
„Sie denkt sich: ‚Eine Maus wäre nicht schlecht!' Sie schleicht zu einem Mauseloch und lauert bis die Maus herauskommt." (Die Spielleiterin lässt plötzlich entsprechend der Anzahl der Kinder Murmeln (= Mäuse) durch den Raum rollen.
„Achtung Mäuse! Molly fängt eine Maus."

WIE VIELE EIER SIND IM NEST?

K G

Ziele: Taktile Wahrnehmung, Artikulation, Mengenauffassung, Körperwahrnehmung

Ein Kind setzt dem anderen Kind die fünf Finger einer Hand auf den Kopf und fragt:

„Sitzt die Krähe fest?" – Antwort: „Ja!"
„Hat sie ein Nest?" – Antwort: „Ja!"
„Wie viele Eier hat sie?"

Dabei kann das Kind nun alle fünf Finger am Kopf lassen oder einige abheben. Das andere Kind muss also erraten bzw. spüren, wie viele Finger seinen Kopf berühren. Hat es die Anzahl erraten, wird es noch gefragt: „Harte oder weiche Eier?" Daraufhin äußert das Kind seinen Wunsch und erhält, entsprechend der Anzahl der Eier, entweder (nicht zu) „harte" oder ganz sanfte Klappse auf den Kopf.

OH, EINE PFÜTZE!

K G

Ziele: Raumorientierung, Körperwahrnehmung
Material: Matten oder Matratzen

Nachdem die Geschichte „Hans guck in die Luft" erzählt wurde, werden Matten oder Matratzen als „Pfütze" übereinandergelegt. Ein Kind beginnt und geht mit geschlossenen Augen bzw. mit dem Kopf nach oben auf die Matte zu, bis es daran stößt, und lässt sich danach auf die Matte fallen. Dann steht es wieder auf und erzählt den anderen: „Gerade war meine Hose noch sauber – nun ist sie ganz schmutzig." Die Kinder können sich auch Gegenstände ausdenken, die sie – nur in ihrer Fantasie – dabeihaben, etwa: „Gerade war mein Brief noch sauber – jetzt ist er ganz schmutzig!"
Es wird so lange gespielt, bis jedes Kind mehrmals an der Reihe war.

Variante:
Die Kinder versuchen zu schätzen bzw. zu erraten, wie viele Schritte sie wohl gehen müssen, bis sie bei der Pfütze angekommen sind.

TURM ODER WURM?

K G

Ziele: Tiefenwahrnehmung, Berührungsempfindung, Behutsamkeit, Fingergeschicklichkeit, Raumorientierung
Material: Decke, ein flacher Baustein, ein Seil, fünf Bausteine, fünf Wäscheklammern

Auf dem Boden wird eine Decke ausgebreitet. Die Kinder gehen paarweise zusammen. Ein Kind schließt die Augen, und sein Spielpartner legt entweder ein Seil oder einen flachen Baustein unter die Decke. Das Kind rollt nun gestreckt, durch Drehen um die Längsachse, über die Decke. Am Ende muss das Kind sagen, was es gespürt hat: „Wurm oder Turm?" und kann dann durch einen Blick unter die Decke kontrollieren, ob es recht hatte.
Hat das Kind den Baustein gespürt, versucht es, mit geschlossenen Augen aus vier bis fünf Bausteinen einen Turm zu bauen. Hat es das Seil gespürt, muss es blind aus vier bis fünf Wäscheklammern einen Wurm bauen (Wäscheklammer an Wäscheklammer stecken). Sein Spielpartner gibt ihm das entsprechende Material für seine Aufgabe.

KLEINE AKROBATIK

K G

Ziel: Körperwahrnehmung, Koordination, Berührungsempfindung
Material: Teppichfliesen oder Zeitungsblätter

Jedes Kind erhält eine Teppichfliese oder ein Zeitungsblatt. Auf Kommando berührt der jeweils genannte Körperteil die Fliese (bzw. das Zeitungsblatt), z. B.:

„Es berühren/berührt nur ...
... die Fersen."
... drei Finger."
... die Zehenspitzen."
... die linke Schulter."
... der rechte Zeigefinger und der linke Fuß."
... die Stirn."
... der echte Ellbogen und das rechte Knie." usw.

Ideen der Kinder aufgreifen!

Variante:

Anschließend werden alle Fliesen im Kreis aufgelegt, die Kinder gehen auf den Fliesen im Kreis und sprechen dabei einen beliebigen Reim. Pro Silbe wird im Takt eine Fliese weitergegangen. Der Reim wird immer schneller und schneller gesprochen, folglich muss immer schneller gegangen werden, bis dabei schließlich ein richtiges Kuddelmuddel herauskommt.

SPIELE FÜR DEN BEWEGUNGSSINN

Der Körper- und Bewegungssinn umfasst viele Teilsinne. Dazu gehören z. B. die sogenannte propriozeptive Wahrnehmung (die Tiefenwahrnehmung) und der kinästhetische Sinn. Die Tiefenwahrnehmung liefert uns Informationen über Sinneseindrücke in unserem Körper, z. B. über den Spannungszustand von Muskeln, Sehnen und Gelenken. Der kinästhetische Sinn dagegen ist der nach außen gerichtete Körpersinn, der zur Raumorientierung oder zur Wahrnehmung von Zuständen (z. B. heiß oder kalt) dient. Er sorgt außerdem dafür, dass wir unsere eigenen Körperbewegungen im Raum und die Koordination unserer Körperteile richtig umsetzen können.

Gerade bei der Raumorientierung wird deutlich, wie wichtig das Zusammenspiel aller Sinne ist. Denn auch der Seh- und der Hörsinn liefern uns wichtige Informationen, die dazu beitragen, dass der Körper- und der Bewegungssinn gut funktionieren können. Eine gezielte Förderung von Körper- und Bewegungssinn berührt deshalb immer auch andere Sinne und kann nicht isoliert für sich stehen.

BAUCH, RÜCKEN ODER SEITE

K

Ziele: Körperwahrnehmung, taktile und visuelle Wahrnehmung, Behutsamkeit
Material: Decke bzw. eine Decke pro Spielpaar

Die Kinder bilden einen Kreis und schließen die Augen. Ein Kind geht in die Kreismitte, legt sich unter eine Decke und ruft: „Auf welcher Seite liege ich – auf dem Bauch, auf dem Rücken oder auf der Seite?" Nun versuchen die anderen Kinder durch Schauen und auch durch Tasten zu entscheiden, ob das Kind auf dem Bauch, Rücken oder auf der Seite liegt. Das Spiel kann auch paarweise durchgeführt werden, wenn genügend Decken vorhanden sind. Die Kontrolle erfolgt durch Wegnahme der Decke.

Variante:
Das Kind, das versucht, die Position seines Spielpartners zu erraten, ahmt diese Position selbst nach. Wenn es fertig ist, kann die Decke weggenommen werden und die Kinder kontrollieren, ob beide in der gleichen Stellung liegen. Bei diesem Spiel ergeben sich ganz von selbst viele Bewegungs- und Sprechanlässe.

UND WER BIST DU?

K G

Ziele: Berührungswahrnehmung, Tiefenwahrnehmung, Auge-Hand-Koordination
Material: Ball

Alle Kinder suchen sich einen Platz im Kreis. Die Spielleiterin beginnt. Sie nimmt den Ball und singt: „Ich heiße Hanna", führt dazu eine Bewegung mit dem Ball aus, rollt den Ball dann zu einem Kind weiter und singt dabei: „Und wer bist du?" Jetzt singt dieses Kind seinen Namen, macht die Bewegung dazu und gibt den Ball wieder an ein anderes Kind weiter. Am Ende geht alles den umgekehrten Weg. Die Spielleiterin beginnt wieder, macht bestimmte Bewegungen mit dem Ball, rollt ihn dann zu einem Kind und singt dabei: „Du bist Julia und wen kennst du?"
Die Bewegung mit dem Ball sollte am besten rhythmisch zum Satz passen, also etwa im ersten Teil des Spiels:
„Ich" (Ball an die Brust drücken)
„heiße" (Ball auf den Kopf drücken)
„Hanna" (sich auf den Ball setzen)
„und wer bist du?" (Ball zum Kind rollen)

Und im zweiten Teil des Spiels:

„Du" (Ball in beide Hände nehmen und Arme in Richtung des Kindes ausstrecken)
„bist" (Ball auf den Kopf drücken)
„Julia" (sich auf den Ball setzen)
„und wen kennst du?" (Ball zum Kind rollen)

DAS BIN ICH!

K G

Ziele: Taktil-kinästhetische Stimulation, Körperwahrnehmung, Auge-Hand-Koordination
Material: Packpapier, Stifte, Korken

Jedes Kind legt sich auf einen großen Bogen Packpapier und der Spielleiter zeichnet einen Umriss des Körpers auf das Papier. Wenn die Kinder schon selbst die Umrisse anfertigen können, gehen sie paarweise zusammen und zeichnen gegenseitig die Umrisse ihrer Körper. Nun zeichnet jedes Kind noch die fehlenden Dinge, wie Haare, Gesicht, Brustwarzen, Bauchnabel, Kniefalten, Fingernägel, Zehennägel und markante Zeichen wie Muttermale oder Narben u. Ä. ein.

Sind alle Werke fertig, legt sich jeweils ein Spielpartner neben seinen Umriss. Der andere drückt nun mit einem Korken sanft auf eine bestimmte Körperstelle des liegenden Kindes. Das liegende Kind soll sich die Druckstelle merken, den Korken nehmen und ihn genau auf die gleiche Stelle auf seinem Papierumriss stellen. Anschließend werden die Rollen getauscht.

DECKENMÄNNCHEN

K

Ziele: Taktile und visuelle Wahrnehmung, Tiefenwahrnehmung, Behutsamkeit
Material: eine Decke

Ein Kind verlässt den Raum, ein anderes legt sich danach auf den Boden unter eine Decke. Nun wird das erste Kind in den Raum zurückgerufen. Es darf nun seinen Spielpartner unter der Decke berühren, (sanft) drücken und kitzeln, sodass er vielleicht einen Laut von sich gibt.
Kann das Kind durch diese Maßnahmen nicht erraten, wer unter der Decke ist, bittet es das „Deckenmännchen", einen Körperteil herauszustrecken: „Liebes Deckenmännchen, strecke bitte einen Fuß (eine Hand, ein Knie ...) heraus!"

FERIENERLEBNISSE DARSTELLEN

K G

Ziele: Körperkoordination, akustische Wahrnehmung, Reaktion
Material: Bänder oder Tücher, evtl. ein Seil

In der Fantasie fahren alle gemeinsam mit dem Zug in den Urlaub. Jeder bekommt ein Band oder Tuch in die Hand. Alle Kinder bilden eine Schlange, gehen durch den Raum und bewegen ihren Arm mit dem Band bzw. Tuch im Kreis. Das Band bzw. das Tuch stellt die Räder des Zuges dar. Eventuell wird noch ein Seil verwendet, an dem sich alle Kinder mit der anderen Hand festhalten, sodass alle Waggons auch zusammenhängen. Während der Fahrt werden die Zuggeräusche mit „Sch-sch-sch" nachgeahmt.
Jedes Kind kann den Zug mittels der Bremse („Halt!" oder „Stopp!" rufen) zum Stehen bringen. Wer den Zug anhält, spielt dann pantomimisch ein Ferienerlebnis nach: schwimmen, tauchen, klettern, Rad fahren, Boot fahren, lesen, malen, Sandburgen bauen, Ball spielen, Federball spielen usw.) und erzählt vielleicht auch eine Geschichte dazu. Alle anderen Kinder versuchen zu erraten, was das Kind wohl meinen könnte. Am Ende fahren alle wieder in die Gegenwart zurück.

WIE VIELE FRÜCHTE DÜRFEN ES SEIN?

K G

Ziele: Koordination, Artikulation
Material: Kreide, Punktewürfel, Würfel mit Früchten, Obst aus beliebigem Material oder ein Blatt Papier und Spielkegel

Ein Spiel für draußen. Auf dem Boden wird ein Hüpfkasten aufgezeichnet. Die Kinder hüpfen entsprechend der Regel (Schlusssprung – Grätschsprung – Einbeinsprung – Zweibeinsprung) und sprechen einen Reim dazu. Der Reim könnte z. B. lauten: „Zwi, zwa, zwein – wie viele Früchte dürfen es sein?" oder „Tra, ri, ra – schon bin ich da." Die sinnlosen Silben können beliebig ersetzt werden. Es müssen so viele Kästchen zum Hüpfen gezeichnet werden, wie der Reim Wörter bzw. Silben enthält.
Am Ende wird gewürfelt (Zahlenwürfel + Früchtewürfel), und es dürfen die angezeigten Früchte in der entsprechenden Anzahl eingekauft werden. Der Obstverkäufer hat Obst aus Karton, Holz, Salzteig oder auch nur ein Blatt Papier, auf dem verschiedene Früchte gezeichnet sind und auf dem auf jeder Frucht ein Spielkegel steht. Die Kinder bekommen dann anstelle der Früchte die Kegel. Wer bzw. welche Gruppe hat am meisten Früchte? Wer hat am meisten Früchte von einer bestimmten Sorte?

DRACHENHÜPFEN

G

Ziele: Körperkoordination, Feinmotorik, Sprachgedächtnis
Material: Kreide, Textilfarben, Leintuch, Arbeitsblätter mit aufgezeichnetem Drachen

Die Kinder zeichnen auf dem Boden mit Kreide oder auf einem alten Leintuch mit Textilfarben einen Drachen mit einem langen Schweif mit vielen Schleifen. Im Drachenkopf liegt ein Würfel. Außerdem erhält jedes Kind ein Arbeitsblatt, auf dem ebenfalls ein Drachen abgebildet ist. Nun hüpft das erste Kind jeweils einen Grätschsprung und einen Schlusssprung pro Schleife bis zum Drachenkopf. Wenn es z.B. eine Drei würfelt, verkündet es den anderen: „Ich darf drei Schleifen anmalen" und malt auf seinem Arbeitsblatt, entsprechend der Würfelzahl, drei Schleifen dazu. Wer hat als Erster alle Drachenschleifen angemalt?
Wenn das Hüpfen gut gelingt, können sinnlose Silben („tri-tra-tre, sa-se-so") dazu gesprochen werden oder auch ein kleiner Reim, wie beispielsweise: „Drachen, Drachen, flieg nicht fort, bleib bei mir an diesem Ort." Wenn pro Sprung immer eine Silbe dieses Reims gesprochen wird, benötigt man insgesamt sieben Schleifen.

LUFTBALLONS STUPSEN

K
G

Ziele: Körperwahrnehmung, Tastwahrnehmung, Geschicklichkeit
Material: Luftballons, evtl. Entspannungsmusik

Auf verschiedenste Art stupsen wir Luftballons hoch: nur mit der rechten oder der linken Hand, dem Kopf, der Schulter, dem Knie, dem rechten oder linken Ellbogen, dem rechten oder linken Zeigefinger. Dann transportieren jeweils zwei Kinder gemeinsam einen Luftballon zu einem vorgegebenen Ziel: zwischen den Handflächen, der Stirn, den Nasen, den Oberarmen, zwischen Po und Po, den Bäuchen, den Füßen, den Beinen usw. (Ideen der Kinder aufgreifen!). Anschließend können sich die Kinder gegenseitig mit den Luftballons massieren, indem sie den Luftballon am Körper mit leichtem Druck entlangrollen lassen. Passende Musik erleichtert die Entspannung.

ANNAS TAGESABLAUF

K G

Ziele: Kinästhetische Wahrnehmung, Wortschatzerweiterung, Gedächtnistraining

Alle Kinder bilden einen Kreis. Ein Kind geht in die Mitte und beginnt mit der pantomimischen Darstellung für „aufstehen" – die anderen Kinder versprachlichen die Darstellung und sagen „Anna (Peter) steht auf." Nun wird dieses Kind, am Boden sitzend, an den Fußgelenken eine Runde im Raum herum zu seinem Platz zurückgezogen. Das nächste Kind in der Kreismitte wiederholt nun diese erste Geste und macht dann eine weitere passende dazu (z.B. sich waschen). Die zuschauenden Kinder versprachlichen jetzt: „Anna (Peter) steht auf und wäscht sich". Nun wird auch dieses Kind eine Runde an den Fußgelenken gezogen, das nächste Kind kommt an die Reihe und zeigt pantomimisch „aufstehen, sich waschen und anziehen". Die anderen Kinder versprachlichen gemeinsam: „Anna (Peter) steht auf, wäscht sich und zieht sich an" – so wird der Satz immer länger und länger.

Varianten:

- Das Kind in der Kreismitte macht beides, also die pantomimische Darstellung und die Versprachlichung.
- Das Kind in der Kreismitte macht nur die Versprachlichung und alle Kinder im Kreis die pantomimische Darstellung dazu.

WIR VERWANDELN UNS IN TIERE

G

Ziele: Berührungswahrnehmung, Grob- und Feinmotorik, Körperwahrnehmung
Material: evtl. Salzstangen oder Stifte, Reifen, Sandsäckchen, Matten, Seil, großer Ball, Trommel

Die Kinder kriechen durch den „Zaubertunnel" (hintereinander aufgestellte Stühle – oder die Kinder bilden selbst den Tunnel, indem sie hintereinander im Grätschstand stehen und das jeweils letzte Kind durch den Tunnel kriecht und sich vorne wieder dazu stellt). Wenn alle Kinder durch den „Zaubertunnel" hindurchgekommen sind, möglichst ohne diesen zu berühren, werden sie durch einen Zauberspruch in Tiere verzaubert und sollen passende Bewegungen durchführen:

„Die Bienen summen und versuchen zu stechen."
„Die Schlangen schlängeln sich blind in Richtung Schlangenbeschwörer."
„Die Elefanten transportieren Baumstämme." (eine Salzstange oder einen Stift zwischen Oberlippe und Nase halten)
„Die Pferde springen über Hindernisse."
„Die Tiger springen durch ‚brennende' Reifen."
„Die Seehunde balancieren im Seehundgang ein Sandsäckchen auf dem Kopf." (Bauchlage, Ober-

körper durch gestreckte Arme hochhalten, Beine = Schwanz schleifen lassen)
„Junge Bären rollen um ihre Längsachse."
„Die Affen klettern oder schwingen auf einem Seil."
„Katzen schlabbern Milch." (Zunge locker aus und ein bewegen)
„Katzen fauchen oder jagen Mäuse." (rollende Bälle erwischen)
„Löwen springen von einer Matte zur anderen."
„Pumas balancieren auf einem großen Ball."
„Frösche hüpfen Fliegen nach."
„Störche stolzieren oder jagen Frösche; dabei dürfen die Störche nur auf einem Bein hüpfen und die Frösche sich nur mittels Froschhüpfer fortbewegen."

Ideen der Kinder aufgreifen!

Der Zauberspruch könnte beispielsweise lauten: „Schrimmel, schrammel, schrein – Bienen sollt ihr jetzt sein!" Der Zauber dauert jeweils bis zum Trommelschlag. Den ersten Teil des Spruches sprechen alle gemeinsam.

WIE BEWEGEN SICH DIE TIERE?

K

Ziele: Tiefenwahrnehmung, Wortschatzerweiterung, visuelle Aufmerksamkeit
Material: grüne und rote Kartonscheibe

Wir besprechen, wie sich die einzelnen Tiere fortbewegen und versuchen, sie zu imitieren:

- Der Vogel flattert.
- Der Tiger schleicht.
- Der Hase hoppelt.
- Der Frosch hüpft.
- Das Pferd galoppiert.
- Der Affe klettert.
- Der Elefant stampft.
- Die Schlange kriecht.
- Der Storch stolziert.
- Die Maus huscht.
- Die Ente watschelt. usw.

Nun sagt die Spielleiterin oder auch ein Kind: „Flattere wie ..." und die Kinder müssen ergänzen: „... ein Vogel" und einen Vogel nachahmen. Während sich die Kinder bewegen, zeigt die Spielleiterin ein grünes Signal (z.B. eine grüne Kartonscheibe). Erscheint aber das rote Signal, müssen die Kinder sofort stoppen und auf die nächste Ansage warten.

ZWEI ODER VIER BEINE?

K

Ziele: Grobmotorik, Gedächtnistraining, Tiefenwahrnehmung
Material: Papier/Karton für Symbole, Bildkarten von Tieren (z. B. Tiermemo)

Gemeinsam mit den Kindern werden Symbole für „zwei Beine" und für „vier Beine" hergestellt. Nun hebt ein Kind eine Bildkarte von einem Stapel mit Tierbildern, sodass die anderen die Abbildung nicht sehen können und fragt z. B.: „Wie viele Beine hat der Elefant?" Wird richtig geantwortet, darf das Kind, das sie Antwort gegeben hat, mit der Bildkarte zum richtigen Symbol gehen. Bei vierbeinigen Tieren geht es im Vierfüßergang zum Symbol – die Karte wird dabei auf seinen Rücken gelegt – und bei zweibeinigen Tieren hüpft das Kind auf beiden Beinen zum Symbol.
Anschließend ein Gedächtnisspiel: „Welches Tier war dabei, das zwei bzw. vier Beine hat?" Das Kind, das sich an ein Tier erinnern kann, erhält die Bildkarte.

TIERE MIT UND OHNE FEDERN

G

Ziele: Tiefenwahrnehmung, Grobmotorik, Gedächtnistraining
Material: Papier/Karton für Symbole, Bildkarten mit Tiermotiven (z. B. Tiermemo), evtl. Turngeräte (Langbank)

Es stehen Bildkarten mit Tiermotiven zur Verfügung und gemeinsam mit den Kindern werden Symbole für „mit Federn" und „ohne Federn" hergestellt. Die Symbolkarten kommen an einen etwas abgelegenen Platz. Ein Kind hebt eine Tierkarte ab und nennt den Anfangslaut. Errät ein Kind das Tier, muss es sagen, ob das Tier Federn hat oder nicht. Es darf die Karte kontrollieren. Hat es recht, bringt es die Karte zum passenden Symbol: Hat das Tier Federn, „fliegt" das Kind über eine Erhöhung (Bank, Matratzenberg oder Kasten) zum Symbol. Hat das Tier keine Federn, zieht sich das Kind in Bauchlage über eine Langbank.
Anschließend ein Gedächtnisspiel: „Welches Tier war dabei, das Federn/keine Federn hat?" Das Kind, das sich richtig an ein Tier erinnern kann, erhält die Bildkarte.

TIERE AUF DER FRÜHLINGSWIESE

K G

Ziele: Visuelle Wahrnehmung, Grobmotorik, Körperwahrnehmung, Artikulation
Material: evtl. Bild(er) einer Frühlingswiese mit Tieren

Bei einem Spaziergang betrachten die Kinder eine Frühlingswiese und beobachten die Tiere. Welche Tiere können sie entdecken? Wenn es gerade wenig Tiere zu entdecken gibt, können auch Tierbilder betrachtet werden. Gegenseitig stellen sich die Kinder nun Ratefragen zu den Tieren: Ein Kind beginnt und erzählt z. B.:
„Ich habe ein Tier gesehen, das kann fliegen und landet am liebsten auf schönen Blüten. Dort holt es sich den Nektar." Wenn ein Kind zu wissen glaubt, um welches Tier es sich handelt, fragt es: „Meinst du die Biene?" „Ja – Ihr seid nun alle Bienen!", und alle Kinder summen als Bienen herum, bis das Kind ein vorher vereinbartes Signal zeigt. In diesem Moment müssen sich alle schnell vor einem Feind verstecken. Anschließend wird besprochen, wer der Feind war, und die Kinder erzählen, wo sie sich versteckt haben. Danach kommt das nächste Kind an die Reihe und beschreibt ein Tier, das die anderen erraten müssen.

FRÜHLINGSBOTEN SUCHEN

G

Ziele: Visuelle Wahrnehmung, Wortschatzerweiterung, Gleichgewichtssinn
Material: Fotoapparat, Drucker, Schere, Trampolin oder dicke Matratze

Unterwegs auf einem Frühlingsspaziergang, ruft jedes Kind, sobald es einen Frühlingsboten entdeckt hat. Gemeinsam werden die Entdeckungen bestimmt und fotografiert. Wieder vom Spaziergang zurück, werden aus den Bildern Puzzles gemacht. Die Puzzleteile werden danach rund um ein Trampolin oder eine Matratze gruppiert. Jedes Kind darf zehn Sprünge auf dem Trampolin bzw. auf der Matratze machen und sich dabei im Kreis drehen – dann stoppt es ab und nimmt ein Puzzleteil. Bei jedem zusätzlichen Puzzleteil versuchen die Kinder zu erraten, um welchen Frühlingsboten es sich dabei handelt. Sind alle Puzzleteile aufgelesen, werden die Puzzles wieder zu Bildern zusammengesetzt.

RAUPE UND SCHMETTERLING

G

Ziele: Körperwahrnehmung, akustische Aufmerksamkeit, Auge-Hand-Kontrolle, Raumorientierung
Material: Papierblumen, kleine Süßigkeiten oder Seidenpapier für Nektar, Material für akustisches Signal

Papierblüten werden entsprechend der Anzahl der Kinder auf dem Boden verteilt. Auf jeder Blüte liegt eine kleine Süßigkeit oder ein Seidenpapierkügelchen. Wie eine Raupe bewegen wir uns zwischen den Blüten hindurch. Dazu legen sich die Kinder auf den Rücken. Der Rücken wird abwechselnd gegen den Boden gedrückt und wieder abgestoßen, dabei werden Gesäß- und Oberschenkelmuskulatur gespannt und entspannt. Oder sie legen sich auf den Bauch und heben abwechselnd Po und Brust.
Die Kinder bewegen sich so lange als Raupen, bis ein bestimmtes Signal ertönt und sie als Schmetterling davonfliegen können. Als Schmetterlinge fliegen sie zu einer Blume und trinken Nektar (mit einem Strohhalm die Süßigkeit oder das Papierkügelchen aus der Mitte der Papierblüte aufsaugen). Außerdem prägen sich die Schmetterlinge die Flugstraßen ganz gut ein und fliegen genau die gleiche Flugstraße wieder zurück zum Ausgangspunkt.

PANTOMIME

K

Ziele: Raumorientierung, Körperwahrnehmung, visuelle Wahrnehmung
Material: Stift

Alle Kinder stehen oder sitzen nebeneinander in einer Reihe und schauen dabei in die gleiche Richtung. Ein Kind rückt aus der Reihe nach vorne, sodass alle anderen es gut sehen können. Es macht eine Körperhaltung vor und beschreibt sie auch, alle anderen machen diese Haltung nach. Besonderes Augenmerk liegt dabei auf der rechten und der linken Körperseite. Für manche Kinder muss u. U. die rechte Hand gekennzeichnet werden (Markierungspunkt auf dem Handrücken o. Ä.).

SPIELE FÜR DEN GLEICHGEWICHTSSINN

Der Gleichgewichtssinn wird auch als vestibuläre Wahrnehmung bezeichnet. Wie elementar wichtig unser Gleichgewichtssinn ist, das können wir selbst auf ganz einfache Weise nachvollziehen, indem wir uns mit geschlossenen Augen auf ein Bein stellen. Das ist eine ziemlich wackelige Angelegenheit, die deutlich macht, dass unser Gleichgewichtssinn ständig für uns arbeitet, damit wir nicht buchstäblich umfallen.

Ihn gezielt zu trainieren, macht also Sinn, denn dann wirft einen so schnell nichts „aus der Bahn". Gerade Kinder, die den Spaß an Bewegung noch natürlicherweise mitbringen, profitieren von einem ausgeprägten Gleichgewichtssinn: beim Klettern, beim Fußballspielen, beim Tanzen, beim Fangsti spielen ... Und im Alltag ist er ebenso wichtig, denn ansonsten würden Dinge, wie z. B. das Anziehen einer Hose im Stehen zu einer akrobatischen Übung. Neben den im Folgenden vorgestellten Spielen lohnt es sich also, die Kinder immer mal wieder zum Balancieren anzuregen und zum selbstständigen Schaukeln zu motivieren.

TAUSCH MIT MIR!

G

Ziele: Kontaktnahme, Gleichgewicht, Körperkontrolle, Artikulation
Material: Bierdeckel, Zeitungen oder größere Bausteine

Die Kinder stehen im Kreis. Am Boden liegen viele Bierdeckel, Zeitungsblätter oder Bausteine. Die Kinder stellen sich vor, der Boden wäre ein See, aus dem Steine ragen, und sie stehen am Ufer und wollen ihre Plätze tauschen. Ein Kind beginnt und ruft über den See: „Eva, bitte tausch mit mir den Platz!" Nun werden beide Kinder von ihren Nachbarn auf der Stelle im Kreis gedreht. Dabei zählen alle Kinder gemeinsam bis 10. Danach dürfen die beiden Kinder dann losgehen und den See überqueren. Sie dürfen dabei jedoch nur auf die Bierdeckel bzw. Bausteine oder Zeitungsblätter treten.

PIRATENSCHATZ

G

Ziele: Visuelle Wahrnehmung, Gleichgewicht, Geschicklichkeit
Material: Hohe, weiche Matte oder Hängematte, evtl. Rollbrett, Bildkarten

Die Kinder helfen mit, ein „Schiff" (Matte oder Hängematte) zu bauen, das schön schaukelt, und mit dem sie übers Meer fahren können. Sie setzen sich alle als Piraten auf das Schiff und schließen die Augen, während die Bildkarten kaum sichtbar im Raum verteilt werden. Auf jeder Karte ist eine Abbildung eines Gefäßes (Koffer, Flasche, Tonne, Truhe, Sack, Korb, Tasche, Kiste, Schachtel, Krug, Kanne, Rucksack usw.). Nun beginnt ihre Reise übers Meer. Sobald ein Pirat eine Karte entdeckt, springt er aus dem Boot, „schwimmt" per Rollbrett zum „Schatz" und erzählt, was er gefunden hat.

WIND, STURM, DONNER, BLITZ

K

Ziele: Reaktionsfähigkeit, visuelle und akustische Wahrnehmung, Gleichgewicht, Körperkontrolle

Zuerst wird die Abfolge durchgespielt: Solange der Spielleiter (später auch ein Kind) das Zeichen für Wind macht, müssen die Kinder auf einem Bein stehen und die Arme schwingen wie ein Vogel und dazu ein säuselndes „Sss" artikulieren. Erscheint das Zeichen für Sturm, gehen die Kinder paarweise zusammen, reichen sich die Hände, wirbeln im Kreis rundherum und artikulieren dazu ein „Schschsch". Beim Zeichen für Blitz und Donner lassen die Kinder los und verharren reglos in der nächstbesten Stellung – wie vom Blitz getroffen. Erscheint wieder das Zeichen für Wind, beginnt jeder erneut zu „fliegen".

ÄPFEL KLAUEN

K

Ziele: Körperwahrnehmung, Berührungsempfindung, vestibuläre Wahrnehmung (Gleichgewicht)
Material: Schnur, Kiste mit Äpfeln (oder Bausteinen), Tisch, Decke

Alle Kinder sind Räuber. Sie bauen sich eine Räuberhöhle und wollen aus der Kiste, die hinter einem Zaun steht, Äpfel (Bausteine o. Ä.) stehlen. Als Zaun wird eine Schnur gespannt, hinter der der Tisch mit der Apfelkiste steht, und zwar so weit entfernt, dass man sich weit nach vorne beugen muss, um einen Apfel zu erreichen. Der Räuber muss zum Zaun schleichen, einen Apfel stehlen, schnell in seine Höhle (Tisch, der mit einer Decke verhängt wird) rennen und dem Räuberhauptmann zuflüstern, was er gestohlen hat, z. B.: „Ich habe zwei Äpfel gestohlen!", oder: „Ich habe nur einen Apfel stehlen können!"
Ein Kind spielt den Bauern, der den Zaun genau beobachtet. Berührt ein Räuber den Zaun, versucht der Bauer ihn durch Nachlaufen zu fangen. Fängt der Bauer den Räuber, bevor dieser in seiner Räuberhöhle verschwinden kann, wird der Räuber zum Bauern und der Bauer zum Räuber.

ICH ZIEHE MICH WARM AN

K G

Ziele: Taktile Wahrnehmung, Gleichgewicht, Auge-Hand-Kontrolle
Material: Sommer- und Winterbekleidung, Schachtel, Decke

In einer Schachtel befindet sich ein Berg von Sommer- und Winterbekleidung. Eine Decke liegt bereit. Es soll Ordnung geschaffen und die Sommerbekleidung weggeräumt werden. Ein Kind darf in die Schachtel greifen, ein Kleidungsstück herausfischen und entscheiden, ob es in den Winterschrank oder in den Sommerschrank gehört: „Der Badeanzug gehört in den Sommerschrank".
Das Kind nimmt das Kleidungsstück, setzt sich im Schneidersitz auf die Decke und sagt: „Bringt mich bitte zum Sommerschrank." Alle Kinder ziehen nun das Kind auf der Decke zum richtigen Platz. Dort angekommen, legt das Kind das Kleidungsstück ordentlich zusammen. Dann kommt das nächste Kind dran. Wenn alle Kleidungsstücke verteilt sind, versuchen sich alle zu erinnern, welche Kleidungsstücke im Winterschrank sind.

Variante:
Bestimmte Kleidungsstücke, wie Pullover, Mantel, Schal, Haube, Stiefel, müssen in einer bestimmten Zeit angezogen werden (z. B. solange ein Kreisel sich dreht oder eine Kugel im Reifen rollt).

ZWILLINGE

G

Ziele: Artikulation, Gleichgewicht, visuelle Wahrnehmung
Material: Memokartenpaare, Rollbrett oder Trampolin, Matratzen

Die Memokarten werden sortiert: ein Stapel mit Bildern, der Zwillingsstapel mit den Gegenpaaren. Die Zwillingshälften werden am Ende des Raumes verteilt. Außerdem werden Hindernisse im Raum aufgestellt.
Nun nimmt ein Kind eine Karte vom Stapel und sagt zu ihr: „Komm, ich suche deinen Zwilling", legt sich in Bauchlage auf das Rollbrett, sucht sich einen Weg zwischen den Hindernissen und versucht am anderen Ende das passende Motiv zu finden. Wenn es das richtige Motiv gefunden hat, legt es beide Karten zusammen und fährt genau den gleichen Weg wieder zurück.

FUSSSPUREN

K G

Ziele: Vestibuläre und taktile Wahrnehmung, Berührungsempfindung
Material: Fingerfarben, Papier, Wanne, Handtuch, Stifte

Die Kinder gehen paarweise zusammen. Ein Kind sucht sich eine Farbe aus und bemalt mit Fingerfarbe seine Füße, es beschreibt das Gefühl, das es dabei hat, und stellt sich dann auf ein Blatt Papier. Danach werden die Füße sorgfältig gewaschen und abgetrocknet. Sein Spielpartner hilft beim Malen und Abwaschen. Anschließend werden die Rollen getauscht.
Nun werden die Fußspuren ausgeschnitten – jedes Kind hat einen rechten und einen linken Abdruck – und ein Gesicht auf die Fußspuren gezeichnet. Nach dem Trocknen werden alle Abdrücke vermischt und jeder sucht sich der Reihe nach seine beiden Abdrücke heraus. Dann unterhalten sich die Fußspuren miteinander. Am Ende legen alle die Fußabdrücke als Straße auf den Boden. Man darf beim Gehen nur auf die Abdrücke steigen.

DER LÜGENPLANET

K G

Ziele: vestibuläre Stimulation, visuelle Wahrnehmung
Material: „Lügenbild", Papier und Stifte zum Zeichnen, Schaukel

Großen Sprechanreiz bieten Bilder (Zeichnungen) mit Abbildungen, die nicht der Wirklichkeit entsprechen. Die Kinder versuchen zu erraten, welche Dinge es in der Wirklichkeit tatsächlich gibt, und erklären, warum es andere Dinge nicht geben kann. Man kann dazu entweder fertige Bilder verwenden, oder der Spielleiter zeichnet direkt vor den Kindern, z. B.:

- einen Fisch an der Leine
- die Zahnbürste im Rauchfang
- die Tür auf dem Dach
- Birnen und Äpfel auf demselben Baum
- ein Schiff auf der Straße
- einen Zug auf Wellen
- Blumen verkehrt herum
- ein Krokodil an der Kette vor der Hundehütte usw.

Das Kind, das gerade an der Reihe ist, darf mit der Rakete auf den Lügenplaneten fahren. Dazu sitzt es auf einer Schaukel, es wird eingedreht und auf „Knopfdruck" wieder ausgedreht – dabei geht der Motor der Rakete los (Laute wie „br", „r", „kr", „s" und „sch" können dazu sehr gut lautmalerisch eingesetzt werden). Nach der Landung schaut das Kind, welche Gegenstände es auf dem Lügenplaneten gibt, die es bei uns nicht geben kann.
Anschließend zeichnen die Kinder Lügenbilder, die alle gemeinsam der Reihe nach betrachten und erklären, warum es gewisse Dinge nicht geben kann.
Wenn keine Schaukel zur Verfügung steht, kann das Kind auch einfach mehrmals um die eigene Achse gedreht werden.

MEINE LIEBSTE FARBE

K G

Ziele: Auge-Hand-Kontrolle, Reaktion, Artikulation, akustisches und visuelles Gedächtnis, Gleichgewicht
Material: Hängematte (oder Schaukel), beliebige Dinge in allen Farben, Korb oder flache Schachtel

Ein Kind liegt in der Hängematte oder sitzt auf der Schaukel. Unter der Hängematte steht ein Korb oder eine flache Schachtel mit bunten Gegenständen. Das Kind singt, während es gemütlich schaukelt, das Lied: „Rot, rot, rot ist meine liebste Farbe, rot, rot, rot ist alles, was ich hab. Darum lieb ich alles, was so rot ist, weil mein Schatz ein Feuerwehrhauptmann ist" und nimmt anschließend alle roten Dinge aus dem Korb. Am Schluss schließt es die Augen und erzählt, welche von den Gegenständen rot waren. Das nächste Kind entscheidet sich für eine andere Farbe. Nach jedem Durchgang wandern immer wieder alle Gegenstände in den Korb, damit die Auswahl so groß wie möglich bleibt.

KARUSSELL FAHREN

K

Ziele: Gleichgewicht, Körperspannung, Körperwahrnehmung
Material: evtl. Situationsbild eines Spielplatzes, Stuhl

Die Kinder stellen sich vor, sie befinden sich auf einem Spielplatz. Sie fahren mit dem Karussell. Dazu setzen sie sich auf den Po, halten die angewinkelten Beine leicht in der Luft und versetzen sich nun durch Abstoßen mit den Armen in Kreiselbewegung. Beim Drehen sprechen sie einen kleinen Spruch: „Ich dreh mich auf dem Po herum, das ist lustig und nicht dumm. Ich drehe mich sehr schnell, ich bin ein Karussell." Wenn Reim und Karussellfahrt zu Ende sind, steigt ein Kind auf den Aussichtsturm (Stuhl) und erzählt, was es gerade auf dem Spielplatz sehen kann: „Eine Mama tröstet gerade ihr Kind", oder: „Zwei Kinder rutschen auf dem Bauch die Rutsche hinunter."
Als kleine Hilfe kann den Kindern vor dem Spiel auch ein Situationsbild eines Spielplatzes vorgelegt werden.

Was meine Hände können

K
G

Ziele: Wortschatzerweiterung, Gleichgewichtssinn, Körperwahrnehmung
Material: eine Decke

Die Kinder stehen im Kreis um eine große Decke, die am Boden liegt, herum und fassen sie am Rand fest an. Ein Kind setzt sich in die Mitte der Decke und wird von den Kindern fünfmal rundherum gedreht; die Kinder zählen die Runden mit. Dann steht die Decke still, das Kind in der Mitte zeigt eine Tätigkeit mit seinen Händen und sagt z. B.: „Meine Hände können klatschen". Die zuschauenden Kinder setzen sich und sagen: „Das können unserer Hände auch – schau wir klatschen."
Das nächste Kind setzt sich auf die Decke, wird wieder fünf Runden gedreht, führt auch eine Tätigkeit vor (z. B. klopfen, winken, reiben, kneten, schreiben, greifen, schneiden, streicheln, massieren, zwicken, ein Dach, eine Schüssel oder Buchstaben darstellen) und spricht sie auch aus. Wieder machen die anderen Kinder die Bewegung nach.

WAS MEINE FÜSSE KÖNNEN

K G

Ziele: Wortschatzerweiterung, Gleichgewicht
Material: Langbank

Die Kinder stehen vor einer Langbank. Das erste Kind steigt auf die Langbank, zeigt eine Tätigkeit vor und verbalisiert sie: „Meine Füße können stampfen." Die anderen Kinder gehen nun der Reihe nach auf die Langbank, ahmen diese Tätigkeit nach und sagen dabei: „Ich kann stampfen – und spring dann über den Bach." Am Ende springen sie von der Langbank über eine markierte Stelle (= Bach). Weitere Möglichkeiten:

- balancieren
- laufen
- treten
- hüpfen
- stolpern
- schreiten
- stolzieren
- Fußball spielen
- hinken
- springen auf einem Bein/mit beiden Beinen
- watscheln
- mit den Zehenspitzen jeweils rechts und links ins imaginäre Wasser tauchen usw.

SCHACHTELTAXI

K
G

Ziele: Koordination, Körperkontrolle, vestibuläre Wahrnehmung

Material: große, stabile Schachtel, Decke

Ein Kind (Fahrgast) will eine Fahrt mit einem Taxi machen. Mit diesem Spruch organisiert sich der Fahrgast das Taxi: „Halt, Schachteltaxi – stopp bei mir! Wohin ich will, das sag' ich dir. Die Türe zu und fahr voran, sonst komme ich nicht pünktlich an."
Der Taxifahrer sagt etwas, um einen Fahrgast einzuladen. Der Fahrgast steigt in eine große, stabile Schachtel, die auf einem weichen Wolltuch oder einer Decke steht. Der Fahrgast nennt nicht den Zielort, wohin er fahren will, sondern dirigiert den Fahrer mit „links", „rechts", „geradeaus", „zurück" usw. durch den Raum.

ZIELWERFEN

G

Ziele: Koordination, Körperkontrolle, vestibuläre Wahrnehmung
Material: Schaukel, Ball, Tonne oder größere Wanne

Das Kind sitzt auf einer Schaukel und versucht, während es schaukelt, mit einem kleinen Ball in eine Tonne zu treffen. Der Ball sollte so klein sein, dass er mit einer Hand geworfen werden kann. Das Kind hat mehrere Versuche, die Tonne zu treffen. Wenn es in die Tonne trifft, springt es von der Schaukel herunter, holt sich eine Bildkarte und sagt dazu das entsprechende Wort oder einen Satz. Dann kommt der nächste Wurf dran.

VERHEXTE NÜSSE

K G

Ziele: Koordination, Körperkontrolle, vestibuläre Wahrnehmung
Material: Bildkarten, Nüsse, Rollbrett

Die Tiere vom Bauernhof sind von einer Hexe in lauter Nüsse verhext worden. Die Nüsse liegen nun im Wald herum. Der Bauer und die Bäuerin wollen ihre Tiere unbedingt zurückhaben, bevor die Eichhörnchen alle Nüsse auffressen. Alle Kinder wollen natürlich dabei mithelfen. Die Bildkarten mit den Abbildungen der Tiere liegen am Boden verstreut herum, und auf jeder Bildkarte liegt eine Nuss, sodass das Tier verdeckt ist. Es können durchaus mehr Nüsse als Tiere vorhanden sein, dann ist es spannender!
Bei jeder Nuss muss nun ein Zauberspruch gesprochen werden, z. B.:

„Simsalabimbambus – weg mit der Nuss!"
„Schri – schro – schru, wer bist du?"
„Kribbel – krabbel – kru, wer bist du?",
„Eins, zwei drei, Schuss – weg mit der Nuss!" o. Ä.

Nun versucht das Kind, die Nuss mit einem Stab oder Stöckchen wegzuschießen, und schaut nach, ob es ein Tier gerettet hat. Ist kein Tier darunter, versucht es sein Glück bei einer anderen Nuss, oder, je nach vereinbarter Spielregel, der Nächste ist an der Reihe. Ist aber ein Tier darunter, darf es zum Bauernhof zurückgebracht werden. Der Bauernhof befindet sich weit entfernt vom Wald; deshalb müssen die Tiere mit dem Traktor (= Rollbrett o. Ä.) befördert werden.

WIR VERREISEN

K

Ziele: Koordination, Körperkontrolle
Material: Bildkarten

Bildkarten mit Gegenständen, die für eine Reise gebraucht werden, werden im ganzen Raum verteilt. Die Bilder dafür können aus einem Katalog ausgeschnitten oder auf Karton aufgezeichnet werden. Alle Dinge sind irgendwo schlampig im „Haus" liegengelassen worden, an möglichst „unzugänglichen" oder kompliziert zu erreichenden Stellen. Die Kinder müssen also klettern, hüpfen, schwingen, kriechen und sich strecken oder auch Hilfsmittel besorgen, um die Karten erreichen und einsammeln zu können. Die Bildkarten können mit Wäscheklammern befestigt werden. Hat das Kind eine Karte gefunden, sagt es dazu etwa: „Ich habe ... gefunden. Ich packe ... in meinen Koffer."
Am Ende, kurz vor der Abfahrt, können alle gemeinsam wiederholen, was sie alles eingepackt haben, oder sich gegenseitig fragen: „Hast du ... eingepackt?" Oder das Kind soll die Gegenstände möglichst in der genau umgekehrten Reihenfolge wieder auspacken.

IN DIE DECKE GEROLLT

K

Ziele: Koordination, Körperkontrolle, vestibuläre Wahrnehmung
Material: Bildkarten, eine Decke

Ein Kind wird in eine Decke eingerollt. Es legt sich dazu ausgestreckt auf die Decke, der Kopf schaut dabei über den Deckenrand hinaus. Der Spielleiter wickelt das Kind ein und dreht es mit Schwung wieder heraus. Jedes Mal, wenn das Kind wieder ausgedreht ist, sagt es einen kleinen Spruch oder nimmt eine Bildkarte, sagt dazu einen passenden Spruch und wird dann von neuem eingewickelt. Auf diese Weise können auch Silben in Sprüchen geübt werden wie z. B.:

„Si, si, si, der Hahn ruft Kikeriki!"
„Sa, sa, sa, der Esel schreit iah!"
„Se, se, se, die Ziege ruft meh, meh!"
„Sei, sei, sei, die Henne legt ein Ei!"
„Su, su, su, die Kuh ruft muh!"
„So, so, so, ich bin kein kleiner Floh!"

Dieses Spiel ist bestens geeignet, um Sprachförderung und Wahrnehmung zu verbinden.

TIERZAUBER

G

Ziele: Koordination, Körperkontrolle, Artikulation
Material: Matratzen, Seil

Die Kinder bauen ein Haus aus Matratzen. Dort wohnt ein netter Zauberer, der sie auf Wunsch in unterschiedliche Tiere verzaubert. Sie müssen sich aber über den Zaubersee auf einem Seil zum Schloss schwingen und mit den Füßen dabei ans Schloss klopfen. Dann erscheint der Zauberer und verzaubert sie in ein bestimmtes Tier. Der Zauberspruch lautet: „Hokuspokus – wimmel – wammel – wumm, als Pferde lauft ihr jetzt herum!" („... als Elefanten stampft ihr jetzt herum!", „... als Bienen summt ihr nun herum!" usw.). Der Zauber gilt so lange, bis der Zauberer auf den Boden stampft. Dann schwingt sich das Kind erneut über den Zaubersee und wird in ein anderes Tier verzaubert. Wenn eine passende Musik zu den jeweiligen Tieren gespielt wird, wird es noch lustiger.

VERZEICHNIS DER SPIELE

Die Herausgeberin

Gesa Rensmann, Lehramt Grundschule, arbeitet als Verlagslektorin für Pädagogik und lebt mit ihrem Mann und ihren beiden Kindern in Oberbayern.